Premiers galops

Texte de Françoise Le Gloahec
Documentation équestre de Karine Lefranc
Illustrations de Pierre Couronne

Éditions Hemma

Une journée au club

Enfin ! C'est mercredi !
Dans le petit village, le soleil d'automne commence à réchauffer l'air matinal. Et comme tous les mercredis, Bérengère s'est levée tôt. C'est bizarre comme il est facile de se réveiller les jours de congé !

– Ouf ! Pas de collège aujourd'hui ! Je peux aller au « Galop de Lune ». Kévin doit déjà soigner les chevaux.

Le « Galop de Lune » ? C'est ce club équestre niché dans la vallée.
Une mignonne petite rivière y chante. Pas du rock bien sûr,
mais c'est quand même une jolie mélodie. Les chevaux adorent
y aller boire après une journée de travail. Parce que supporter
des cavaliers différents pendant des heures,
ce n'est pas toujours facile, vous savez !
Derrière les écuries, les montagnes habillées d'arbres
touffus et vigoureux étalent leurs formes
imposantes et tranquilles.

Bérengère traverse la rue sans regarder, comme d'habitude. Devant la maison de sa meilleure copine, elle crie :
– Hé ! Léa ! Dépêche-toi ! Je dois toujours t'attendre. Tu viens ? Si on traîne encore, les chevaux seront pansés*. Et moi, j'aime bien les soigner.

Léa a entendu mais elle cherche encore sa cravache*.
Ah ! elle l'avait pourtant rangée.
Enfin, elle croit bien…
Tant pis, elle en trouvera une à la sellerie du « Galop de Lune ».
– J'arrive ! répond-elle en dévalant les escaliers quatre à quatre.

– Louis vient avec nous,
annonce Léa. Maintenant qu'il
a six ans, il veut monter à
cheval, lui aussi.
Louis est le petit frère de Léa.
Il a le même air décidé qu'elle,
mais il est encore plus têtu.

Pour le moment, il a un gros souci :
l'une de ses bottes
en caoutchouc s'est encore
échappée. Il ne se souvient pas
du tout où elle peut être.
Pourquoi donc
ne restent-elles pas
ensemble comme
ses deux pieds ?

– Au club, Louis ne risque rien, dit Léa qui, à dix ans, est une grande sœur responsable.
– C'est sûr ! confirme Bérengère en observant Louis. Kévin est notre copain. Avec lui, pas de problèmes. Et puis, je trouve qu'à treize ans il connaît beaucoup de choses sur les chevaux.
– Facile ! Ses parents sont les propriétaires du manège*. Il a vraiment de la chance, ajoute Léa. Moi aussi, j'aimerais bien vivre au « Galop de Lune ».
À propos de chance, Louis n'en a pas beaucoup : maintenant qu'il a retrouvé sa botte, il n'arrive pas à l'enfiler !

Sur le petit chemin, entre le village et le « Galop de Lune », les enfants se bousculent en riant : celui qui tombe dans le fossé a perdu !
Le jeu est encore plus drôle lorsqu'il y a de l'eau ou de la boue au fond. Ils s'amusent aussi à reconnaître les chevaux qui broutent dans le pré voisin.
– Regardez ! s'écrie Bérengère en montrant une jument*.
C'est Sultane ! J'en suis certaine. Je reconnais sa robe* alezane*. C'est vraiment ma préférée.

Sultane a reconnu la voix de Bérengère. Tout de suite, la jument a confiance et ses oreilles bougent. Puis elle s'approche et tend l'encolure au-dessus de la barrière. Ainsi, Bérengère peut la caresser doucement. Les doigts fins se glissent dans la crinière couleur de feu et s'attardent sur le chanfrein*.

– Là, ma belle. Tu aimes les caresses, hein. Je n'ai pas eu le temps de venir te brosser, cette semaine. Les profs du collège sont de vrais fous de devoirs. Ils ne nous laissent pas le temps de respirer. Mais oublions-les. Aujourd'hui, je vais m'occuper de toi.

– Tu viens, Bérengère ? appelle Léa, impatiente. On va aux écuries. Il me tarde de revoir Clown.
– J'arrive ! À tout à l'heure, Sultane. Je vais revenir, crie Bérengère en courant pour rattraper son amie.
– Je me demande où est Clown, s'inquiète un peu Léa.
– C'est qui le clown ? Est-ce qu'il y a un cirque par ici, interroge Louis qui veut toujours tout savoir.

– Mais non, gros nigaud. Clown, c'est un poulain* bai*. Il est super beau, très intelligent et si drôle. C'est pour ça qu'il s'appelle Clown, tu comprends ? Sa robe* est marron et sa crinière, comme sa queue, est noire, explique Léa. Écoutez ! C'est lui ! C'est lui qui hennit*. Il est à l'intérieur. Venez !

Les filles se précipitent dans le box de Clown. Il se laisse caresser. Il les attendait.

Louis suit Léa sans se presser. Intimidé, il passe devant chaque box, se baisse pour regarder les sabots impatients qui cognent contre les portes. Il se redresse et, l'air de rien, observe les grands chevaux aux yeux si expressifs. « On dirait qu'ils regardent à leur fenêtre », pense le petit garçon.

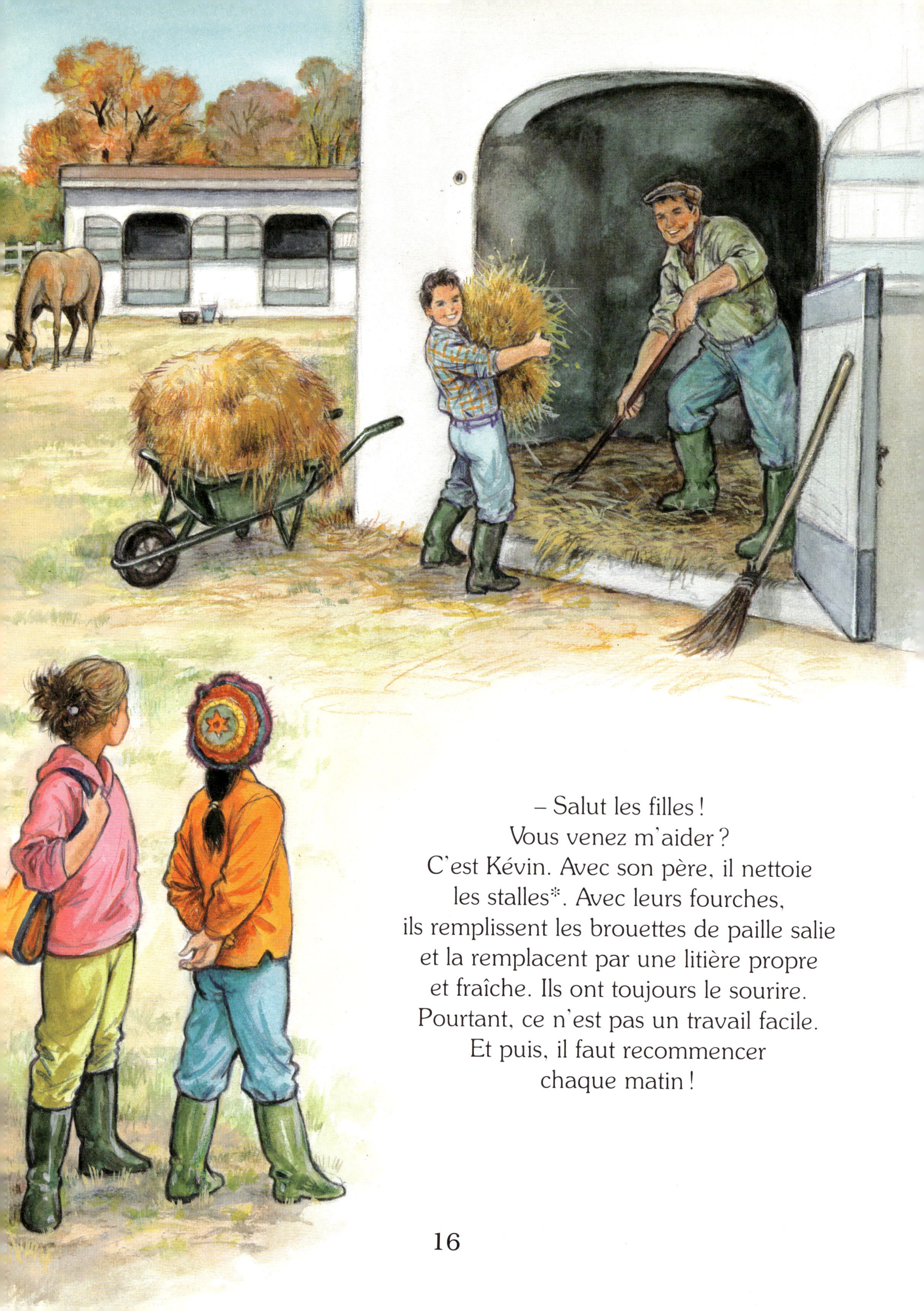

– Salut les filles !
Vous venez m'aider ?
C'est Kévin. Avec son père, il nettoie les stalles*. Avec leurs fourches, ils remplissent les brouettes de paille salie et la remplacent par une litière propre et fraîche. Ils ont toujours le sourire. Pourtant, ce n'est pas un travail facile. Et puis, il faut recommencer chaque matin !

– Bien sûr ! On va chercher de l'eau, comme d'habitude, répondent les filles en attrapant de grands seaux.

Louis les regarde s'éloigner. Elles bavardent comme toujours. D'ailleurs, les filles ont toujours quelque chose à dire, c'est comme ça ! Et puis, elles sont si contentes de retrouver le « Galop de Lune » qu'elles en oublient le petit garçon. Il est un peu jaloux, mais il se dit : « Bientôt, moi, je pourrai faire comme elles. »

Le savais-tu ?

De nombreux animaux sont devenus les amis de l'homme. Le cheval est le plus magnifique. Il représente la force, le courage et la majesté.

L'ancêtre du cheval

Le cheval est un animal qui existe depuis très longtemps. Son ancêtre est l'Eohippus et il date de 60 millions d'années avant notre ère. Cet animal mesurait 30 cm et possédait quatre doigts aux membres antérieurs et trois aux membres postérieurs. Il vivait dans les forêts et les marécages d'Amérique du Nord et d'Europe et se nourrissait de feuilles et de baies sauvages. Au cours des siècles, sa taille a changé. Le doigt du milieu de chaque membre s'est développé pour devenir un sabot tandis que les autres ont disparu. C'est ainsi qu'est né le cheval que nous connaissons aujourd'hui. En latin : *Equus*.

L'âge du cheval

Il se reconnaît en regardant l'usure de ses dents. Tout comme l'homme, avec l'âge, certains chevaux blanchissent. C'est le cas des chevaux gris, par exemple. La longévité d'un cheval est de 25 à 30 ans.

L'anatomie du cheval

Le cheval est un mammifère de la famille des équidés.
C'est un animal très robuste qui a une puissante musculature et un appareil respiratoire très développé. Il a également un système nerveux ultrasensible.
Il peut ressentir la température, la douleur. Il sent quand on le touche.
Parfois, il se roule sur le dos pour nettoyer sa robe, détendre ses muscles, relâcher ses articulations, imprégner ses crins de grains de sable. Puis, il se redresse et se secoue pour débarrasser son corps des éléments accrochés.
Les jambes et les pieds sont les parties les plus importantes et les plus fragiles du cheval : il faut donc lui mettre des fers aux sabots afin d'en protéger la corne. Le fer doit s'adapter à la forme du pied et convenir aux activités de l'animal.
Il faut savoir qu'un cheval ayant un sabot endommagé est gravement handicapé.

Le corps du cheval se divise en trois parties

– **L'avant-main :** tête, encolure, poitrail et membres antérieurs.
– **Le corps :** dos, reins, ventre, flancs.
– **L'arrière-main :** hanches, croupe, fesses, queue et membres postérieurs.

Le cheval a trois sens très développés

– **L'odorat :** il identifie les odeurs à plus de deux kilomètres.
– **La vue :** il a une vue circulaire de son corps tout entier. Chaque œil voit sur un angle de 180°. En revanche, il distingue mal les choses placées au-dessous d'un mètre face à lui. Le cheval distingue mal les couleurs, mais il voit très bien les obstacles. Il peut voir deux images séparées en même temps, chacune placée de chaque côté du corps. Le cheval a une très bonne mémoire visuelle.
– **L'ouïe :** les oreilles du cheval sont sensibles et mobiles. Il a une mémoire auditive développée et il est très sensible au ton utilisé pour lui parler.

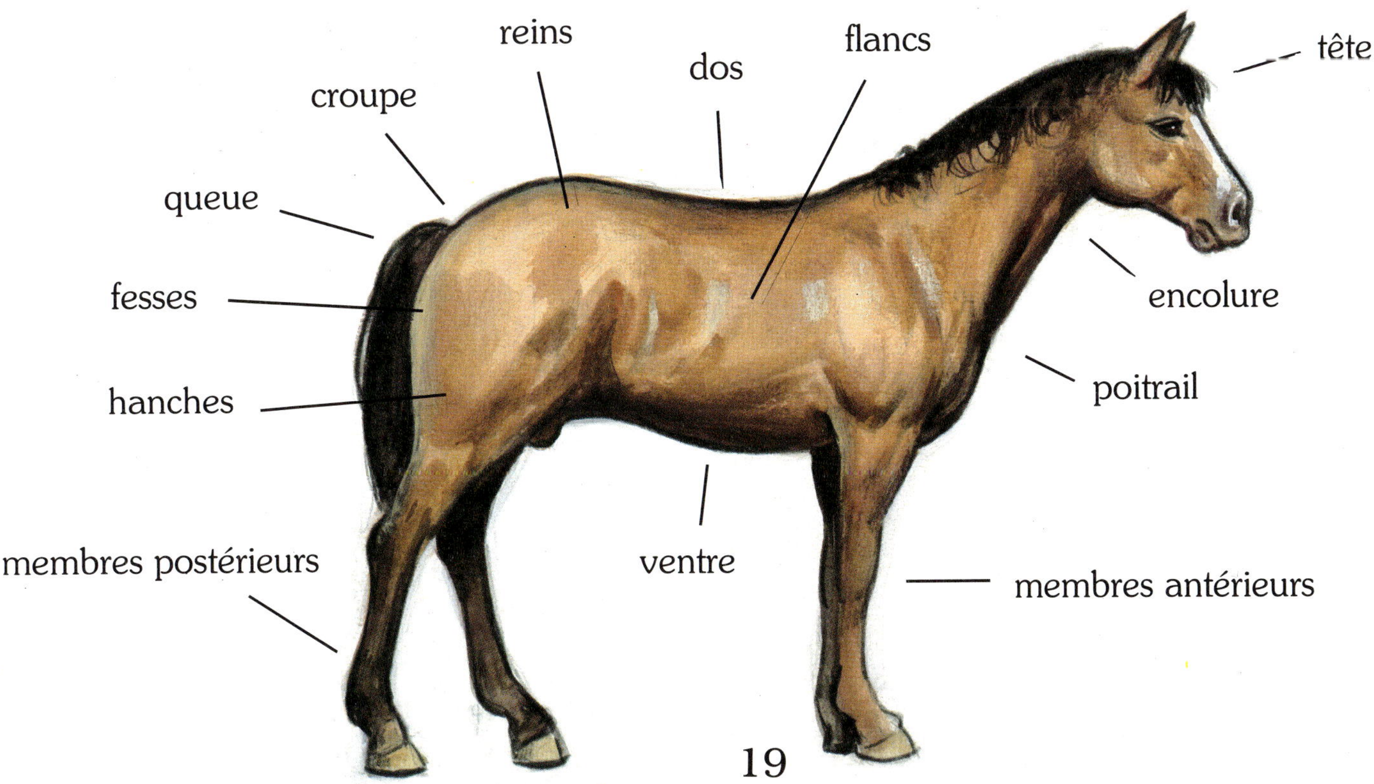

La robe du cheval

Les chevaux ont une robe qui peut être simple ou composée.
Les simples sont formées de crins et de poils de même couleur.
Les composées sont formées de poils et de crins de plusieurs couleurs.
Les couleurs blanche et noire sont très rares.

Voici quelques robes :

– **Alezane :** poils et crins jaune rougeâtre à bruns.

– **Bai :** poils fauves, roussâtres avec crins et extérieurs noirs.

– **Souris :** poils et crins gris cendré.

– **Isabelle :** poils jaune clair avec crins et extérieurs noirs.

Le vocabulaire

– **Équidé :** mammifère à un seul doigt par jambe comme le cheval, le zèbre et l'âne.
– **Robe :** couleur de l'ensemble des poils du cheval.
– **Crin :** poil long et rude qui pousse sur le cou et à la queue du cheval.
– **Stalle :** espace réservé à un animal et limité par les cloisons de compartiments côte à côte.
– **Box :** espace individuel pour un cheval, comme une petite pièce indépendante.
– **Chanfrein :** partie de la tête du cheval, des oreilles à la base du front.
– **Panser :** faire la toilette du cheval.
– **Manège :** espace fermé et couvert où se déroulent les leçons d'équitation.
– **Jument :** cheval femelle adulte.
– **Poulain :** jeune cheval de moins de trois ans.
– **Cravache :** baguette mince et flexible dont se sert le cavalier.
– **Hennissement :** c'est le cri du cheval.

Première leçon

Louis s'approche avec son regard le plus charmeur. Vous avez deviné, celui qu'on prend quand on va demander quelque chose.
Kévin, amusé, lui demande :
– Tiens, Louis ! Qu'est-ce que tu fais ici tout seul ?
– Je voudrais m'occuper des chevaux, moi aussi, explique Louis en regardant les filles entrer dans les box et appeler chaque animal par son nom.
– Je comprends ! sourit Kévin. Alors viens, on va faire le tour et vérifier qu'ils sont tous en pleine forme.

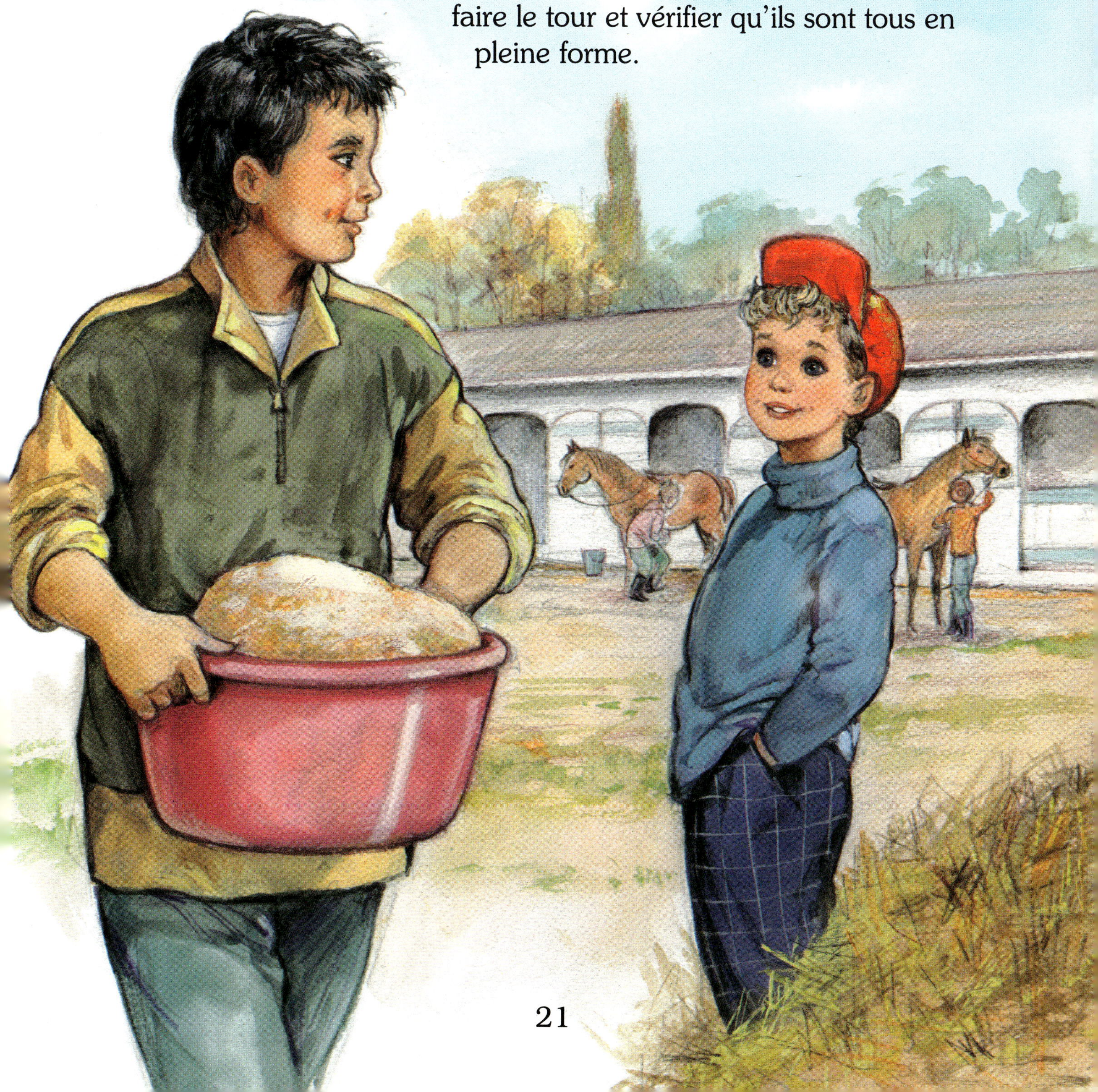

Louis apprend à ouvrir les box.
Il faut dire que les chevaux,
ces charmants animaux,
n'aiment pas être surpris. Si on veut
éviter un coup de pied, il vaut mieux
se faire connaître par la voix avant
d'entrer. Le jeune curieux demande
soudain :
– Dis, pourquoi ça s'appelle
le « Galop de Lune » ici ?

Claude, le père de Kévin, qui les a rejoints, pose sa brouette et répond :
– C'est une vieille histoire : souvent, la nuit, quand j'étais petit, je rêvais qu'un pur-sang* très rapide, très léger, m'emportait loin, jusque sur la lune. Nous y galopions sans fin. C'était un merveilleux voyage.
– Ah, d'accord !
Je trouve que tu as eu raison de l'appeler comme ça.

Louis accompagne Kévin. Dans la grange, ils préparent les rations d'orge et d'avoine qui composent le picotin. C'est le premier travail du matin. Louis observe attentivement. Sa maîtresse d'école en serait jalouse ! À son tour, il plonge la mesure à grains dans les grands sacs.
Kévin lui explique qu'avant de servir leurs pensionnaires, il faut leur donner de l'eau.
– Les filles l'ont fait tout à l'heure, répond Louis.
– Ah ! C'est très bien !

La distribution se termine. Déjà les premiers servis lèchent le fond de leur mangeoire puis hennissent en regardant Louis qui sursaute.

– Je crois qu'ils veulent aller se promener maintenant. Moi aussi ! Est-ce que je peux aller choisir mon cheval ?

– Holà ! Pas si vite ! Nous devons terminer le nettoyage des box.

Louis s'applique à bien répandre la paille sèche, puis ajoute du foin frais.

À présent, les enfants
rangent les outils.
Brouettes et balais
retrouvent leur place.
Tout est propre au club.
Pas une saleté par terre,
pas un objet dangereux
ne doit traîner sur le sol.
Soudain, le ciel devient très
sombre. Ça y est ! Une pluie fine
et glacée termine le rinçage de la cour.

Clap ! clap ! clap !
Un bruit de sabots ferrés résonne !
C'est la maman de Kévin qui rentre juste de sa promenade matinale sur Réglisse, un magnifique étalon* noir. Ni le froid ni le vent n'empêchent la cavalière et sa monture de sortir chaque jour dans la forêt. Pas plus que la douche gratuite qui vient de tomber ! Ils s'en moquent tous les deux.

C'est ça l'amour !

– Bonjour, Louis !
Tu as beaucoup grandi.
Est-ce que tu aimerais
monter à cheval ?
demande-t-elle
en sautant à terre.

– Oui, je suis en CP maintenant.
Je voudrais bien apprendre à faire du cheval.
Comme Lucky Luke ! répond Louis,
les yeux brillants d'envie.
– Kévin va s'occuper de lui,
explique Claude en caressant Réglisse.

La matinée avance.
Louis ne lâche pas Kévin
d'une semelle. Malgré ses
soupirs d'agacement,
ses grimaces, Kévin passe
d'une écurie à l'autre.
À chaque fois, Louis se demande
si c'est pour choisir son cheval.
Au moment où il désespérait,
Kévin lui pose une bombe
sur la tête et dit :
– Tu viens, Louis ? J'ai fini.
On va te chercher un cheval ?
– Oh oui ! Mais... pas trop grand, hein !
– Ne t'inquiète pas. On va prendre Jeff.
C'est un poney. Il est doux et obéissant.
– Je n'ai pas vu de poney à l'écurie !
– Non, parce que Jeff
est au pré.

Kévin et Louis se dirigent vers le pré. Louis relève la bombe qui lui cache les yeux. Il s'efforce de faire de grands pas pour montrer qu'il est un homme, à présent. Kévin lui explique comment ils vont attraper Jeff :

– On va lui parler tout doucement. Dès qu'il se laissera approcher, on lui passera le licol*. Ensuite on l'attachera à la longe* pour l'amener jusqu'à la carrière*. C'est là que tu vas apprendre à monter. Hé ! Les filles ! Allez chercher la selle de Jeff. N'oubliez pas le mors* et tout le reste.

– Bonjour, mon Jeff, murmure Kévin. Voici Louis,
un petit nouveau.
Jeff relève la tête et regarde Louis.
On se demande lequel
est plus surpris de voir l'autre.

– N'aie pas peur, Louis. Caresse-le et parle-lui,
conseille Kévin. Comme ça, vous ferez connaissance.
Si tu lui plais, vous deviendrez bons amis.

Près de la barrière, Jeff se laisse seller. Kévin serre la sangle*,
mais Louis insiste pour le faire lui-même.
Il en a assez qu'on le prenne pour un « petit ».

– Hum... Si tu veux, répond Kévin avec un drôle de petit sourire que Louis n'aime pas vraiment.

Ho hisse ! Louis tire sur la sangle, le plus fort possible. Il se retourne fièrement pour regarder Kévin qui sourit toujours. Bérengère et Léa le regardent drôlement, aussi.

– Tu es prêt ? Vraiment ? Tu es sûr ? insiste Kévin.
Alors, mets ton pied gauche dans l'étrier gauche
et appuie dessus pour te hisser.
Louis obéit et… patatras ! Il se retrouve sur l'herbe
fraîche et mouillée, entre les quatre jambes
du poney.

La bombe, qui a
glissé de sa tête,
découvre son air vexé.
Kévin se tord de rire en disant :
– Les chevaux sont malins,
tu sais ! Souvent ils gonflent leur
ventre d'air quand on serre
la sangle. Alors, avant de monter,
il faut toujours resserrer,
sinon la selle tourne.
Tu te souviendras ?
– Oh, je ne risque
pas d'oublier !
répond le garçon
en frottant sa joue
un peu rouge.

Le savais-tu ?

Les races

Il existe plusieurs races de chevaux selon les milieux naturels. Plusieurs croisements ont lieu pour adapter les chevaux aux activités. La taille du cheval varie selon la race et se mesure toujours au garrot.

Le pur-sang arabe

On dit que c'est la race la plus pure. On le surnomme la « gazelle » ou le « lévrier du désert » à cause de sa pureté de ligne et de son élégance. Il est de petite taille : 1,40 à 1,55 m. Son poids est léger : moins de 400 kg.
Son front et son chanfrein sont larges, ses yeux sont soulignés de poils plus foncés qui évoquent un léger maquillage. Son profil est concave.

Pur-sang arabe

Le pur-sang anglais

Il est le croisement entre des juments autochtones et des étalons orientaux. Sa tête est fine et racée, son encolure allongée comme son épaule et sa croupe. Sa taille varie entre 1,50 m et 1,73 m.

Le trotteur français

C'est un croisement entre de nombreux pur-sang et des chevaux anglais. Il a un profil assez droit, une encolure large, un poitrail ample et écarté. Sa taille varie entre 1,55 m et 1,65 m.

Le selle français

Il est issu de croisements entre pur-sang et chevaux autochtones. Ses atouts sont la docilité, la résistance et l'ardeur, ce qui fait de lui une excellente monture. Sa taille varie de 1,55 à 1,75 m. Il a un solide squelette et une bonne musculature.

Selle français

L'anglo-arabe

Cette race est issue d'un croisement entre pur-sang anglais et pur-sang arabe. Cela donne un cheval plus puissant et élégant, moins fragile. Sa taille ne dépasse pas 1,67 m.
C'est un excellent galopeur.

Le camargue

Le camargue

C'est le symbole de la liberté. Sa taille est d'environ 1,43 m. Son poids est de 400 kg maximum. Il a une tête large et un front carré. Ces chevaux vivent en semi-liberté. L'homme les regroupe en manades* et les dresse. Ils sont dociles, rustiques et d'une très grande endurance. Les gardians les montent pour surveiller les taureaux dans les marais.

Les chevaux ibériques

Il y a deux races de chevaux portugais : le lusitanien et l'Alter Real. La race la plus célèbre d'Espagne est l'andalou.

Les chevaux américains

Autrefois capturés et dressés par les Indiens d'Amérique du Nord. On trouve les Mustangs, l'Appaloosa, le Pinto et le Palomino.

Le Lipizzan

Il ressemble à l'andalou. Sa robe est grise. Race très appréciée par la Haute École espagnole de Vienne.

Le percheron

Le trait français

La France compte neuf grandes races de chevaux de trait : le boulonnais, l'ardennais, le percheron, l'auxois, le comtois, le breton, le cob, le trait du Nord et le cheval du Poitou. Ces chevaux sont très puissants et robustes.

Les britanniques

La Grande Bretagne est le berceau des pur-sang anglais.
Il existe aussi quelques races de demi-sang de grande qualité comme :
le Hackney, le Hunter, le Welshcob.

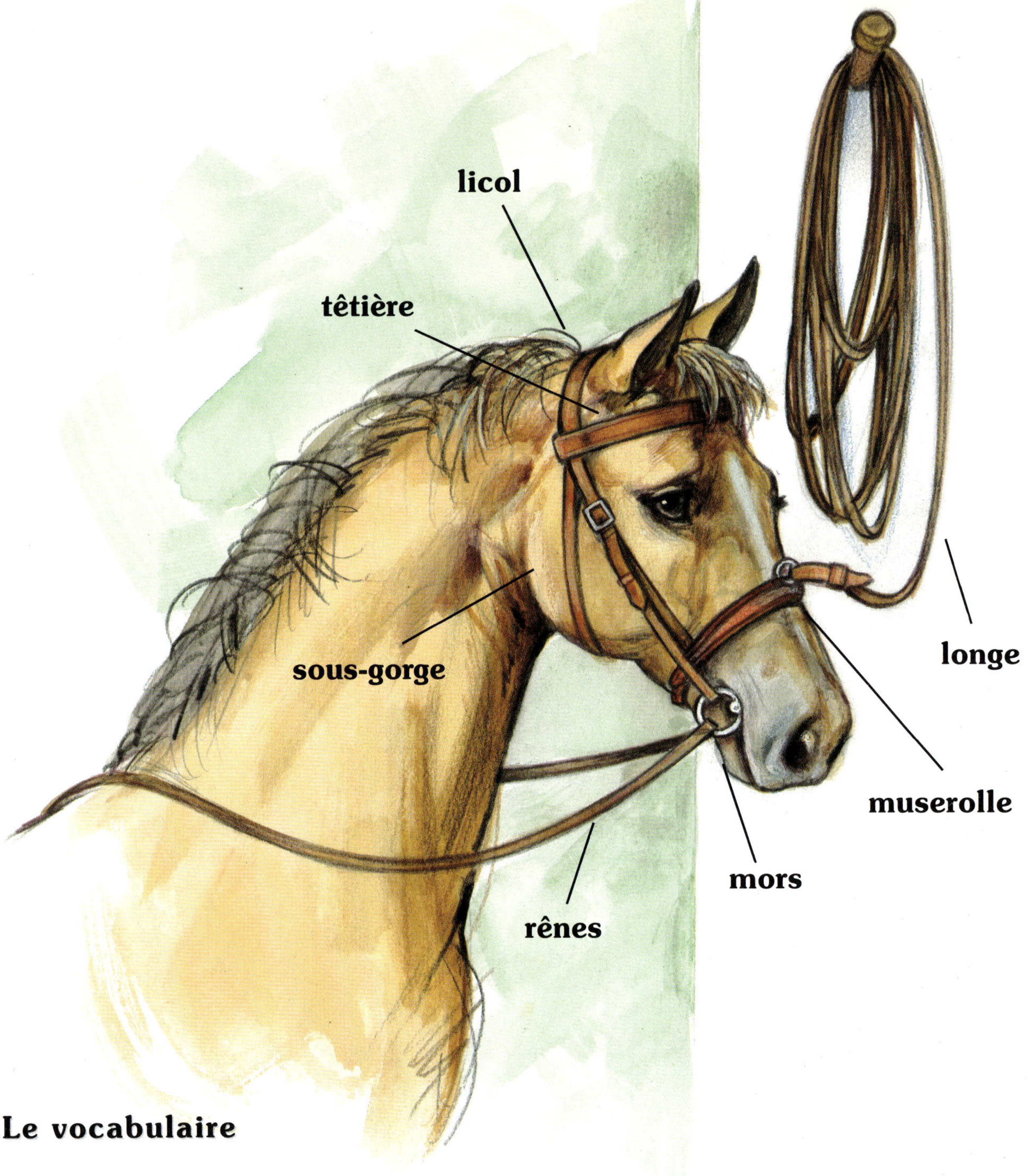

Le vocabulaire

– **Licol :** pièce de harnais qu'on place sur la tête des chevaux pour les attacher ou les mener.
– **Longe :** corde ou longue lanière de cuir pour attacher le cheval ou le tenir à distance.
– **Mors :** pièce métallique passée dans la bouche du cheval et maintenue par la bride.
– **Autochtone :** né dans le pays où on habite.
– **Croupe :** partie postérieure du cheval, depuis les reins jusqu'à l'origine de la queue.
– **Manade :** troupeau de chevaux et taureaux en Camargue.
– **Carrière :** espace découvert, entouré de barrières, où les cavaliers peuvent s'entraîner.
– **Sangle :** courroie qui passe sous le ventre du cheval et qui sert à fixer la selle.
– **Croisement :** reproduction par union de deux chevaux de races différentes.
– **Étalon :** cheval mâle destiné à la reproduction.
– **Rênes :** lanières de cuir partant du mors et passant derrière l'encolure du cheval, qui servent à diriger le cheval grâce à de légères pressions.

La chute de Louis

Il neige ! Tout est blanc et silencieux. Enfin, « était », car Bérengère, Léa et Louis sortent de chez eux en criant. Malgré le vent glacé et les gros flocons, ils commencent une mémorable bataille de boules de neige. Tout à coup, Léa reçoit une énorme boule glacée sur la joue. C'est Kévin qui l'a visée.
Les enfants se réfugient chez Bérengère en hurlant. Tout de suite après, on frappe à la porte !
Bérengère ouvre avec précaution.
C'est encore Kévin !
– Je retourne au « Galop de Lune » ! Est-ce que vous viendrez m'aider aujourd'hui ?

Au centre équestre, Kévin et son père s'activent déjà. Jock, le chien du club, accueille joyeusement les enfants emmitouflés.

– Bonjour, Claude ! crie Bérengère en tapant des mains pour se réchauffer. J'espère que les chevaux n'ont pas eu trop froid cette nuit.

– T'inquiète pas pour eux ! répond Kévin. Ils sont bien à l'abri dans les box, tu sais. Comme vous dans votre lit.

Louis s'éloigne déjà. Dans son seau, rien ne manque pour la toilette de Jeff : les brosses pour ses longs poils, le peigne pour démêler sa crinière et sa queue, et même l'éponge pour nettoyer les naseaux et la bouche du poney. Soudain, Bérengère trouve les gants de Louis dans sa poche. Vite, elle s'élance pour le rattraper dans la cour. Aïe ! Elle glisse sur une plaque de neige gelée. Un grand éclat de rire salue son atterrissage.

Le box* de Jeff est le dernier de l'écurie.
En s'approchant, Louis parle doucement pour avertir le poney de son arrivée. Aussitôt, la tête grise tachetée de roux et les petites oreilles de Jeff apparaissent sous la crinière blonde.
Quand Louis ouvre la porte, Jeff pose immédiatement sa bouche sur la poche du blouson du garçon.
– Ah, petit malin ! Tu veux ta carotte, hein ! Tiens, la voilà.

Puis Louis accompagne le poney. Ils s'éloignent, l'un à côté de l'autre, vers la rivière bordée d'arbres qui ont perdu toutes leurs feuilles. Dans la neige, deux traces montrent le chemin pris par les deux amis.

Après une
brève et froide
promenade, le petit
garçon ramène Jeff
à l'écurie pour le
panser.
Aujourd'hui,
Louis trouve
qu'il fait trop
froid pour
rester dehors.
À l'abri,
il brosse Jeff
avec soin.

– On est copains, nous deux,
chuchote le garçon à l'oreille
dressée pour
les confidences.
En guise de réponse,
Jeff lui mordille le bras.
Ce qui veut dire « pour
un humain, tu es très bien
aussi, même ta taille
est parfaite ».

Léa monte Vidocq. Malgré le froid, le grand cheval bai piaffe d'impatience. Léa est sa cavalière favorite. Eh oui ! Les chevaux ont aussi le droit d'avoir leurs préférences !

En passant près de l'entrée de l'écurie, Léa crie à son frère :
– Louiiis... Claude a décidé que tu devais te passer de longe maintenant. Tu vas aller monter à la carrière, comme nous. Dépêche-toi de te préparer.

– Oh ! Super ! Tu as entendu, Jeff ?
Encore un petit coup d'éponge.
Louis regarde le poney et le trouve
très beau, comme d'habitude.
– Attends-moi sagement. Je vais chercher
le matériel pour te seller.
Jeff regarde Louis s'éloigner puis revenir
les bras chargés et l'air méfiant...

– Voilà, j'ai tout ! Et cette fois, pas de blague. Je suis tout seul, mais c'est pas une raison pour gonfler le ventre. Je me rappelle, tu sais !
Le poney relève la queue pour faire comprendre à Louis que, lui aussi, il est content. Louis selle sans difficultés un Jeff très compréhensif.

– Alors, Louis ? Vous êtes prêts, Jeff et toi ? demande Kévin qui avance avec Chocolat, un magnifique jeune cheval de quatre ans et demi, à la robe marron couleur de... chocolat bien sûr !
– Oui, ça y est ! Tu as vu ? J'ai réussi tout seul. Dis, qui va monter Chocolat ?
– C'est Bérengère.

Au milieu du manège, Louis attend. Il s'inquiète, ce qui rend Jeff un peu nerveux. Lorsque Bérengère se place près de lui, Louis demande :

– Pourquoi tu ne montes pas Sultane ?

– Parce qu'elle attend un petit.
Il faut qu'elle se repose maintenant.

Claude donne le signal et indique à chaque cavalier sa place dans la reprise*. Progressivement, Louis se rassure. Mais tout à coup, Chocolat, qui n'aime pas être suivi de près, botte*. Le poney fait un écart. Louis est projeté par-dessus sa monture et atterrit durement dans le sable recouvert de neige. Il en a même dans la bouche. Il crache et ses yeux brillent.
Claude se précipite vers le petit garçon.
– Ne pleure pas, Louis ! Est-ce que tu as mal quelque part ? s'inquiète Claude.
– Non, mais j'ai peur. Je ne veux plus monter, plus jamais.
– Au contraire, tu vas te remettre en selle immédiatement, ordonne Claude.
À travers ses larmes, Louis se hisse sur Jeff.

Chocolat travaille en fin de reprise*. Claude l'a fait déplacer pour qu'il ne gêne plus le poney. Quel caractère ! Avec un nom pareil, Chocolat devrait être doux et agréable comme une tablette ou un bonbon ! pense Louis à qui l'idée donne faim.
Quelques tours de piste suffisent pour redonner à Louis le plaisir de l'équitation.
À la fin de la leçon, le garçon conduit Jeff à l'écart pour lui murmurer :
– T'inquiète pas, je sais que c'était pas ta faute. Je t'aime toujours.

Le savais-tu ?

L'habitat du cheval

Le cheval qui n'est pas à l'état sauvage est logé dans une écurie collective ou en box individuel. Dans une écurie collective, il y a plusieurs stalles. Chaque stalle doit mesurer au minimum 1,75 m de largeur et 3,50 m de hauteur. Le cheval a besoin de beaucoup d'espace et d'air. La stalle doit être aménagée pour le confort de l'animal : une litière faite de paille de froment sèche et souvent changée car il en consomme une grande quantité, une mangeoire et un récipient d'eau.

L'alimentation du cheval

Le cheval est herbivore. Il a un estomac de petite taille. Il mange lentement, en deux ou trois repas. Le cheval qui est en semi-liberté broute beaucoup d'herbe. Il sait trier les plantes qu'il absorbe. Son palais est très développé mais il peut se tromper. Certaines plantes sont néfastes au cheval, comme les feuilles de cyprès, de millepertuis ou d'if. La nourriture traditionnelle est composée de foin et de graines de céréales (avoine ou orge concassé). De temps en temps, on peut donner, comme friandise, des carottes, des betteraves ou des pommes. Il faut mettre à la disposition de l'animal un bloc de sel gemme, car celui-ci en perd beaucoup pendant l'effort. Il boit beaucoup d'eau et il faut qu'elle soit limpide et fraîche.

Les poneys

Les poneys sont des chevaux de petite taille : moins de 1,48 m. Ils sont originaires, pour la plupart, des régions pauvres et arides ou d'îles au climat rude. Ils ont des sabots très durs, un sous-poil laineux, des crins abondants. Ils sont joueurs, affectueux et d'un naturel cabotin. Les îles britanniques possèdent un grand nombre de races.

– Le Shetland est le plus petit et le plus trapu des poneys, il ne dépasse pas 1,07 m au garrot.

– Le Highland écossais est, au contraire, très grand puisqu'il mesure plus de 1,40 m. Il est très résistant.

La France possède deux races anciennes : le landais et le pottock du Pays basque. Et une race récente : le poney français de selle.

Shetland

Poney Highland

Landais

Le vocabulaire

– **Stalle :** espace réservé pour le logement du cheval et limité par les cloisons des compartiments, côte à côte.
– **Box :** espace individuel pour un cheval, comme une petite pièce indépendante.
– **Herbivore :** animal qui se nourrit d'herbe et de substances végétales.
– **Longe :** corde pour attacher le cheval.
– **Reprise :** groupe de cavaliers qui travaillent en même temps, sous le conseil d'un moniteur.
– **Botter :** c'est, pour le cheval, donner des coups de pied.

Léa a disparu

Aujourd'hui, en arrivant au « Galop de Lune », les enfants sont très énervés : Noël et les fêtes approchent.

Ils veulent en parler avec Kévin mais trouvent le manège désert. Tous les chevaux sont dans leur box.

Claude aussi est silencieux.

Est-ce qu'il serait malade ? Non, assis près de la sellerie, il caresse Jock, le chien.

C'est à peine s'il répond au bonjour de Bérengère, Léa et Louis.

« Peut-être qu'il a mal dormi », imagine Louis qui trouve toujours une bonne raison à tout.

Quant à Kévin, il travaille
seul dans son coin. Bérengère
s'approche pour lui demander
ce qu'il se passe ici. Mais le garçon
ne se retourne pas et l'ignore carrément.
Quel culot ! Il fait comme si elle n'était pas là !
Elle, une vieille copine ! Amie depuis la maternelle !
C'est sûr, quelque chose ne tourne pas rond au « Galop de Lune » !

Louis hausse les épaules et renonce à comprendre
ces adultes si compliqués. Son poney adoré l'attend :
c'est bien plus important que tous les ennuis du monde.
D'abord, il se trouve trop jeune pour se faire du souci
et de toute manière, les grands disent
que « les embêtements s'arrangent toujours ».

Dans la cour, les filles finissent de donner
à boire aux chevaux qui, maintenant,
piaffent d'impatience.
– Ce n'est pas parce que les hommes
ont perdu l'usage de la parole que
les chevaux doivent manquer d'eau,
décrète Bérengère, quand même
un peu vexée par le silence de Kévin.
Viens, on va revoir Kévin ensemble.
À deux, on y arrivera peut-être.
– Attends ! Je rapporte les seaux près
du robinet et j'arrive, répond Léa.
Elles trouvent le garçon,
dans le manège avec Vidocq.
Que lui murmure-t-il à l'oreille ?

Soudain, Kévin saute sur le cheval déjà sellé. Vidocq commence un premier tour de manège au pas, puis passe le trot.

Les filles arrivent juste au moment où le cheval et son cavalier quittent le manège resté ouvert pour se lancer dans un galop à travers le pré et disparaître dans les bois.

– Eh bien, dis donc ! Qu’est-ce qu’il lui prend aujourd’hui ! s’écrie Bérengère.

Kévin revient un long moment
après. Il arrête son cheval près
des filles et dit d'une voix triste :
– Mon père va vendre Vidocq.
Un éleveur lui a proposé un bon prix.
Et comme il nous faut beaucoup
d'argent pour entretenir tous
les chevaux, il a accepté.
– Oh non ! supplie Léa.
C'est lui que je préfère.
Il ne peut pas faire ça.
Léa s'enfuit en pleurant.

La triste journée se termine. Le soleil descend et rosit à l'horizon. Il commence à faire très froid.

– Louis ! Il faut rentrer, crie Bérengère. Où est Léa ? Je ne l'ai pas vue depuis longtemps.

– Moi non plus. Je ne sais pas où elle est.

Les deux enfants cherchent la petite fille partout sans résultat. Avertis, Kévin et son père les aident sans plus de succès. Ils fouillent même le grenier à foin.

Il faut bientôt se rendre à l'évidence : Léa a disparu !

Dans la campagne alentour, tout le monde est très inquiet. Les parents de Léa et de Louis, ceux de Bérengère, la fillette, Claude, Kévin et les habitués du manège cherchent Léa.
Mais personne ne répond aux appels angoissés qui résonnent dans la nuit noire et glacée. Il faut bientôt l'admettre : Léa est introuvable. Soudain, Kévin s'arrête : il croit avoir deviné. Sans prévenir ses amis, il retourne au « Galop de Lune » et court vers les écuries.

Une torche à la main, il entre dans un box puis ressort en criant :
– Je m'en doutais ! Vidocq n'est plus là ! J'ai compris ! Ils sont partis ensemble. Léa ne voulait pas que Vidocq soit vendu. C'est pour ça qu'ils se sont enfuis. Ça va être difficile de les rattraper. Peut-être que Jock pourrait nous aider ?

– Allez, Jock ! Bon chien ! Cherche Léa ! Cherche Vidocq, ordonne Claude.
Le chien renifle la bombe* de Léa, semble hésiter puis s'élance dans la nuit.
– Il va les retrouver, assure Kévin aux parents de Léa. Et surtout, ne vous inquiétez pas : avec Vidocq, Léa ne risque rien.
Tout le monde attend le retour de Jock. Mais Jock ne revient pas.

Pourtant, le fidèle chien du « Galop de Lune » a déjà retrouvé ses amis Léa et Vidocq. Il observe la petite fille endormie sur l'herbe froide. Vidocq est couché près d'elle pour la réchauffer de son grand corps. Jock hésite, se retourne, écoute les cris lointains. Enfin, il se décide et s'approche. Doucement, il s'allonge de l'autre côté pour l'aider à protéger Léa.

Au petit matin, Vidocq dresse les oreilles. Il a entendu les appels
et reconnu le claquement des sabots sur la terre gelée.
On galope pas très loin. Calmement, le cheval regarde Jock.
Tous deux sont d'accord. Jock restera auprès de Léa qui dort encore.
Lentement, Vidocq se lève, se secoue.
Après un dernier coup d'œil à Léa et à Jock, il s'éloigne au trot*.
Il disparaît aussitôt dans le brouillard glacé.

Très vite, Vidocq est de retour, monté par Kévin. Bérengère suit sur Chocolat, entourée de plusieurs cavaliers. Léa se réveille juste pour voir ses parents et Claude sauter à terre.

– Léa ! Enfin, on t'a retrouvée. Mais pourquoi t'es-tu sauvée ? Tu nous as fait si peur, dit sa maman.

– Je ne veux pas que Vidocq s'en aille, répond Léa en pleurant.

– Ne crains rien, dit Claude en s'approchant. On ne vendra pas Vidocq. Viens, il faut rentrer au « Galop de Lune ». Un bon petit déjeuner nous y attend.

Le savais-tu ?

Les allures du cheval

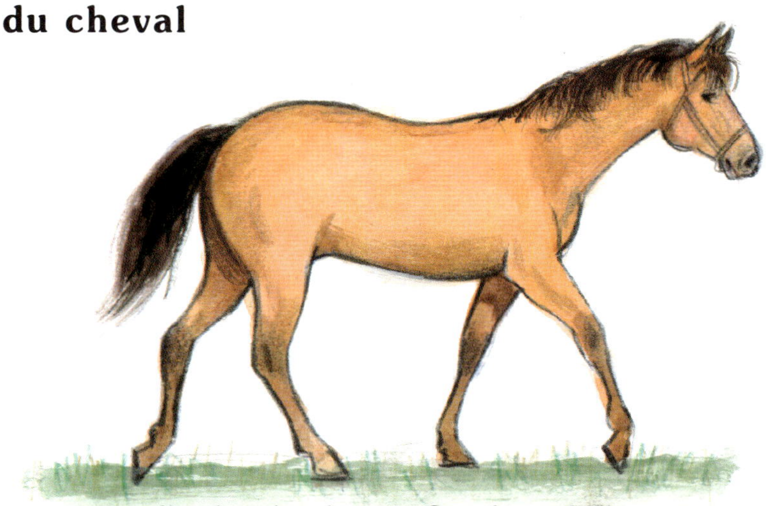

Le pas : allure naturelle, la plus lente. On dit qu'elle est marchée.
Le corps du cheval reste en contact permanent avec le sol.

Le trot : allure intermédiaire entre le pas et le galop. Le trot a une cadence régulière. C'est une allure libre et gaie.

Le galop : allure la plus rapide et aussi la plus impressionnante.

Le comportement du cheval

– Le langage

Les chevaux communiquent entre eux par des expressions, des gestes mais aussi par la voix.
– Le mordillement est une marque d'affection. Découvrir les dents et coucher les oreilles sont des marques d'agressivité.
– Les hennissements peuvent exprimer des sentiments de peur, de colère ou d'envie. La voix de l'étalon est plus métallique et plus pénétrante que l'appel des juments.
– La queue aussi est expressive. Relevée ou renversée en trompe, elle indique la bonne humeur, la joie. Plaquée entre les cuisses, elle est signe de peur ou d'inquiétude. Agitée, elle veut dire l'impatience, l'énervement.

– Le sommeil

Le cheval a besoin de beaucoup de sommeil, environ 7 heures par jour. Il dort par petites périodes, soit debout, soit couché de tout son long. Mais il reste prêt pour la fuite, en cas de danger.

– L'intelligence

Le cheval fait partie des animaux les plus intelligents. Il peut réfléchir. Il est avant tout **instinctif** et **intuitif**. Toutes ses actions, toutes ses manières de réagir sont un comportement naturel et **grégaire**.
Il sait tout de suite si le cavalier qui le monte a peur. Si c'est le cas, il en profitera pour ne pas obéir.

Le vocabulaire

– Grégaire : instinct qui pousse les animaux à s'assembler en troupeaux.
– Instinctif : qui est poussé par une impulsion naturelle.
– Intuitif : qui devine, qui a un pressentiment.

– Croupe : partie postérieure du cheval qui s'étend depuis les reins jusqu'à l'origine de la queue.

– Bombe : casque que l'on doit porter pour pratiquer l'équitation, qui protège la tête en cas de chute.

Le petit de Sultane

Les oiseaux migrateurs annoncent le retour des beaux jours. Les sommets montagneux gardent leur couverture de neige, mais les vallées se tapissent de verdure. Autour du centre équestre, les arbres s'habillent de fragiles feuilles.

Au « Galop de Lune », les étalons regardent les juments. Ils s'agitent, cognent du sabot dans la porte de leur box et hennissent sans arrêt.

– C'est le printemps, explique Claude aux enfants qui ont très bien compris qu'il parle d'amour.

Dans le pré, les chevaux vont par deux, bien sûr. Kévin prévient Louis, qui a l'habitude d'y rejoindre Jeff, de ne pas essayer de s'approcher. Comme presque tous les enfants à peu près sages, Louis a subitement envie de faire ce qui lui est interdit. Lentement, il avance vers Jeff qui broute à côté de Chocolat et de sa jument.

Kévin le voit et se précipite. Il court vers le petit garçon et affole un groupe de chevaux jusque-là très calmes qui galopent vers Louis et Jeff. Effrayé, Louis se serre contre le poney. On ne le voit presque plus. Le troupeau dépasse les deux amis en les évitant.

Accoudés à la barrière du pré, Claude et Bérengère observent Sultane. Comme elle est grosse, à présent.

– Dis, Claude, est-ce que Sultane va mettre bas* bientôt ? demande la fillette.

– Oui, mais c'est difficile de dire le moment exact, répond le père de Kévin. Très souvent, les juments ne montrent pas que la naissance est proche. Elles préfèrent être seules pour cet événement si important.

– Je comprends, c'est leur secret. Dommage, j'aurais bien aimé y assister.

Claude regagne le manège. Le cours va bientôt commencer. Bérengère ne veut pas y participer. Elle préfère réfléchir : il y a ce petit spectacle équestre que les enfants aimeraient donner. Chut ! C'est une surprise ! Mais il y a surtout Sultane. Quant à Léa, elle prépare Vidocq. Tout à coup, elle se met à hurler. Claude se précipite. Vidocq a coincé Léa contre le mur de son box. Le cheval ne veut pas travailler aujourd'hui. Il doit sûrement penser que c'est lui qui décide, et qu'en bloquant Léa, il restera au repos.

La grosse voix de Claude,
sa main sur la croupe du cheval
suffisent pour faire bouger
Vidocq qui baisse la tête.

– Que fait Bérengère ? demande Léa en le sellant. Chocolat l'attend.
– Elle préfère rester avec Sultane, explique Claude en surveillant le cheval rebelle. Kévin montera Chocolat.
– Ah, les filles ! Ça se fait du souci pour rien ! Hein, Jeff ? dit Louis qui, en se penchant sur l'encolure de son poney adoré, manque de tomber encore une fois.

Bérengère contemple Sultane.
La jument, au ventre rond et dur, broute paisiblement. Ensemble, elles font des allers et retours le long de la barrière, comme on le fait dans un hôpital lorsqu'on attend. Étrangement, les autres chevaux gardent une distance avec la future maman. Seul l'un d'eux l'observe. Mais il se fait tard.
Bérengère regarde Sultane et soupire :
– Je dois partir. Au revoir, ma belle. Essaie de m'attendre pour la naissance, d'accord ?

C'est sûrement le moment qu'espérait Sultane. La voilà enfin seule avec sa meilleure amie, la jument Caramelle qui la surveillait tout à l'heure. Les ombres de la nuit effacent peu à peu les lueurs du jour.
Elles sont enfin tranquilles. Dans un long soupir, Sultane s'allonge dans l'herbe qui brille sous la pleine lune. La venue au monde du petit peut vraiment commencer.

Le soleil se lève juste au moment où le nouveau-né glisse sur l'herbe humide. Aussitôt Sultane se tourne et lèche son petit tout mouillé. Ainsi, elle prend son odeur et lui fait connaître la sienne. Puis, le petit poulain essaie de se mettre sur ses pieds, une fois, deux fois. Pas facile ! Il tremble. Ouf ! Ça y est ! Il réussit à saisir les mamelles de sa mère et à téter.

Lorsqu'elle court au pré avec Kévin, Bérengère est un peu déçue. Elle, qui est restée dormir au centre pour guetter l'arrivée de ce bébé, a raté la naissance.

– Ne les dérangeons pas tout de suite ! conseille Kévin. Regarde, comme il est mignon, ce petit.

Émerveillée, Bérengère ne quitte pas le poulain des yeux. Après un court repos, il tente de se relever et Sultane l'encourage du regard.

– Bravo, pense Bérengère, vas-y ! Tu y es presque ! Encore un petit effort.
Sur ses longues jambes écartées et maladroites, il découvre le monde.
– Viens, maintenant on peut s'approcher, propose Kévin.
– Attends ! On va le gêner : il n'a pas encore tété.
– Mais si ! C'est la première chose qu'il a dû faire, ce petit glouton.
Lentement, les enfants se lèvent et quittent le bosquet où ils s'étaient cachés.

Kévin parle tout doucement aux juments pour annoncer leur arrivée. Ces dames n'apprécient pas d'être dérangées en pareilles circonstances.

– Bravo, Sultane ! Il est magnifique, ton petit ! Tu me laisses le caresser ?

Calme, Sultane regarde Kévin et Bérengère s'approcher. Elle a confiance en eux.

Le soir tombe. Avant d'aller se coucher, Bérengère et Kévin reviennent voir la mère et l'enfant. Lorsque Kévin touche délicatement le petit, celui-ci frémit et va se réfugier sous le ventre de sa mère. Et puisqu'il est tout près, il s'offre une autre petite gorgée de lait. Tout émue, Bérengère demande :

– Dis, Kévin, est-ce que je pourrai le câliner, moi aussi ?

– Tous les jours, si tu veux. Il faut l'habituer à nous.
À ton avis, comment on pourrait l'appeler ?

– Farandole ! Il est si léger ! Lorsqu'il marche, on dirait qu'il danse.

Le savais-tu ?

L'amour entre l'étalon et la jument

Les chevaux en liberté font l'amour suivant les saisons et au gré des fantaisies. Les chaleurs durent de 4 à 10 jours à intervalles de 21 jours.

En écurie, la saillie est contrôlée afin d'éviter que la jument ne blesse l'étalon en ruant. Pour savoir si celle-ci est prête à être fécondée, on amène un cheval quelconque qui, en la flairant, indique si elle est apte à être fécondée. Si c'est le cas, on amène l'étalon. La saillie peut se faire. Elle ne dure qu'une minute.

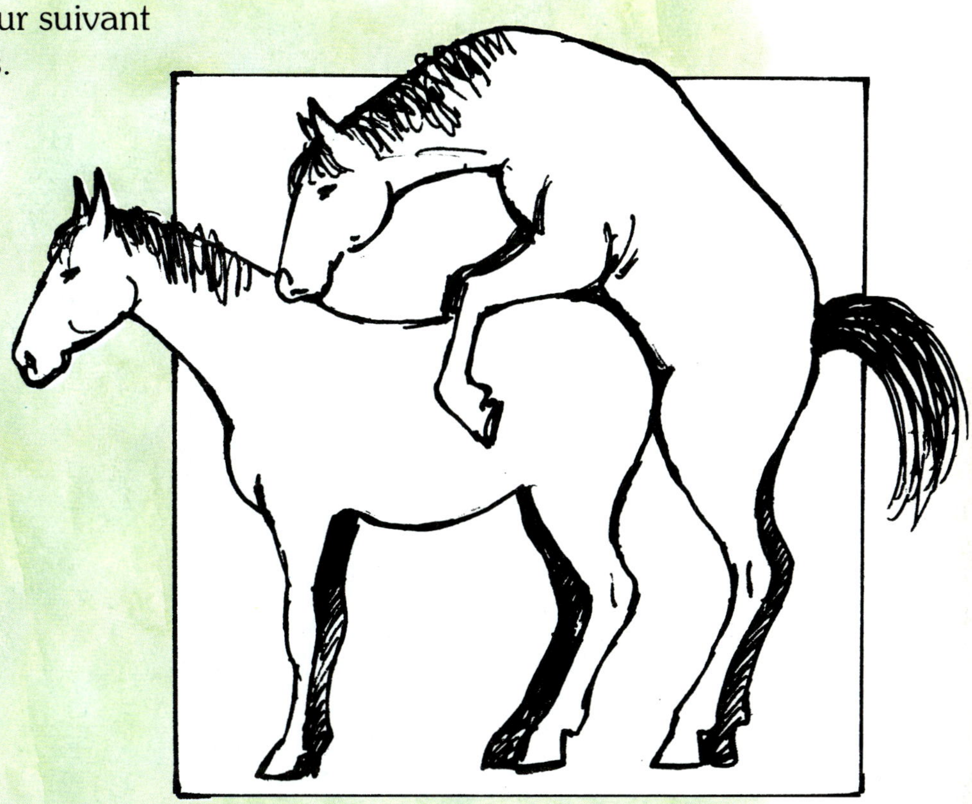

La saillie

La maternité

La gestation dure 11 mois environ. En général, c'est dans le calme de la nuit que la jument met bas.

Mettre bas

Une fois le petit sorti, la mère renifle son poulain. Elle le lèche tendrement pour le débarrasser des restes du placenta.
Après ce chaud contact, le poulain nouveau-né saura reconnaître sa mère entre toutes les autres.

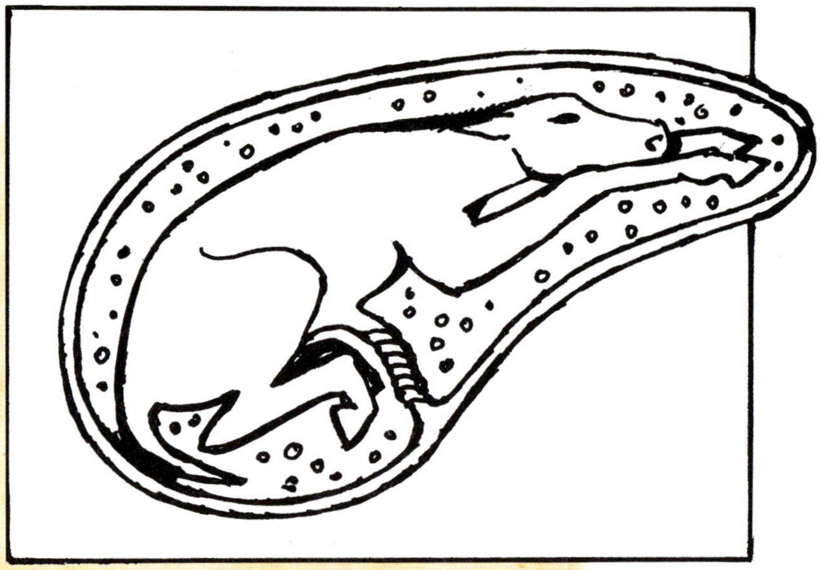

Le poulain dans le ventre de sa maman

Un quart d'heure plus tard, il se dressera sur ses jambes fragiles.
Comme c'est un gros effort, il fera une petite sieste qui se répétera par périodes de 30 à 45 minutes.

La tétée

Le vocabulaire

– **Chaleurs :** c'est la période où les femelles d'animaux domestiques, dont les chevaux, sont très amoureuses.
– **Saillie :** accouplement d'animaux domestiques.
– **Prête à être fécondée :** pour une femelle, c'est être prête à se reproduire.
– **Gestation :** c'est l'état d'une femelle de mammifère qui porte son petit. C'est aussi le temps que dure cet état.
– **Mettre bas :** faire naître les petits chez les animaux.
– **Placenta :** c'est l'enveloppe dans laquelle se trouve le petit, dans le ventre de sa mère.

Une mémorable journée

Il est encore tôt mais, ce matin, les enfants sont très pressés. Léa a déjà ses deux bottes, Louis a récupéré sa cravache dans le salon et Bérengère porte sa bombe sous le bras. La fillette a demandé à son père de les accompagner en voiture au « Galop de Lune ». Bizarre ! D'habitude, les enfants préfèrent s'y rendre à pied.

Comme il s'étonne, il est prié de ne pas poser de questions, comme tous les chauffeurs bien élevés.

La voiture doit s'arrêter devant le portail du « Galop de Lune » et faire demi-tour aussitôt : il paraît que les grandes personnes ne peuvent s'approcher aujourd'hui ! Mystère ! Le papa de Bérengère questionne son ami Claude. Il va sûrement lui expliquer ce qui se passe ici ? Mais non ! Claude garde le secret. Comme tous les parents, ce père brûle de curiosité, en voyant s'éloigner les enfants.

À l'écurie, pas question de décrottage*. C'est jour de grande toilette pour Chocolat, Vidocq (ouf, il est resté ici !) et Jeff. Douche avec shampooing-séchage, curage-cirage des sabots et on termine par le tressage des crinières. Ils seront superbes pour le spectacle que Bérengère, Léa et Louis veulent offrir aux adultes. Histoire de leur montrer qu'on peut être un bon cavalier en dessous d'un mètre quarante.

Dans le pré, Léa aide Claude à installer les obstacles pendant que Louis escalade le mur et les barres. Mais elles sont juste posées et glissent sous le poids du garçon qui s'affale dans l'herbe. Le regard de Claude suffit : vite, Louis se dépêche de les remettre en place. Plus loin, Kévin entraîne Bérengère et Chocolat au saut d'obstacles. Hop ! Les voilà qui franchissent la haie.

Enfin ! C'est le jour J ! Chevaux et cavaliers entrent dans le manège. Les spectateurs, plus d'une vingtaine, sont composés de parents et des gens du village.

– J'ai un peu la trouille, murmure Louis en grimpant sur le montoir*.

– T'inquiète pas, ça va aller, le rassure Bérengère.

Le concours commence par une monte à cru*. Du pas d'abord, ils passent au petit trot puis au trot enlevé. Pas facile sans étriers ! Louis serre les jambes, se cramponne à la crinière de Jeff, glisse un peu et... ne tombe pas !

À présent, Chocolat et Vidocq se placent au centre du manège. Kévin surveille Jeff et, tout doucement, Louis replie ses jambes pour s'agenouiller sur le dos du poney. On applaudit l'exploit. Mais lorsque le garçon se met debout, tout le monde retient son souffle. Même Jeff n'ose plus bouger.

– BRAVO ! crie l'assistance, soulagée de voir Louis reprendre une position moins risquée.

– Super, le félicite Kévin. S'il te voyait, Lucky Luke en serait jaloux.

Les filles terminent de seller Chocolat et Vidocq. Tous quatre se dirigent vers le pré, suivis des invités très bavards. Ils n'ont pas l'air d'entendre battre le cœur des jeunes cavalières, ce qui surprend Bérengère tant le sien tape fort dans sa poitrine.

– C'est le trac, plaisante Claude. Ça arrive souvent aux stars du spectacle.

Bérengère le regarde et sourit. Léa s'approche : elle non plus n'a pas l'air très à l'aise.

Le pré a pris des allures de piste de compétition ! Les filles s'avancent.
– On relève la tête, on se calme, pense Léa qui doit passer la première. Sinon, Vidocq ne m'obéira pas.
Au signal de Claude, Léa lance son cheval pour le premier saut. Elle le guide bien vers le milieu de l'obstacle qu'il franchit sans problème, comme le suivant. Mais devant la haie, à quoi donc pense Vidocq ? Il stoppe au dernier moment et Léa manque de sauter toute seule par-dessus son cheval et la barrière. Elle se retient de justesse, puis termine le parcours.

Bérengère se penche sur Chocolat et lui promet double ration d'avoine contre un sans-faute. Le cheval montre qu'il est d'accord en franchissant les premiers obstacles. Beau travail ! admire Kévin. La cavalière guide Chocolat sur le mur, puis vers la rivière. Au moment où ils vont la traverser, Chocolat fait un écart et plouf ! Bérengère perd l'équilibre et se retrouve assise dans l'eau.
Après quelques secondes de surprise, elle remonte en riant sur Chocolat pour sauter les barres de spa et finir l'épreuve.

Pour finir l'après-midi dans la bonne
humeur, Claude propose des jeux pour
les cavaliers, y compris ceux du public.
On selle tous les chevaux pour
la course de drapeaux dans la carrière.
Bérengère ramasse tous les fanions
de sa rangée et finit première.
Louis et Jeff sont déclarés champions
du slalom entre les poteaux.

La journée s'achève.
Les invités rentrent se reposer.
À croire que ça les a fatigués d'être
spectateurs ! Tous les chevaux sont au calme. Enfin presque ! Car Louis a mal fait son nœud d'attache et Jeff en profite pour partir tout seul en promenade.
Mais il ne retourne pas à la pâture ! Le voilà qui se dirige vers le bâtiment d'habitation ! Veut-il entrer dans le bureau ?

Non ! Décidément, Jeff a l'esprit farceur, aujourd'hui. Avec ses lèvres, il fait glisser le loquet de la porte d'à côté et grimpe marche par marche jusqu'à l'étage. C'est la salle de détente des cavaliers.

Est-ce que Jeff voudrait prendre un petit café ?

– Vite, Bérengère ! Appelle mon père ! crie Kévin, affolé.

Claude arrive en courant. Jeff refuse de redescendre. Il a trop peur.

C’est le fermier voisin qui aide Jeff à descendre par la fenêtre.
Avec son chariot élévateur, il a proposé un ascenseur au poney intrépide.

Quelle journée !
Louis n'est pas prêt d'oublier sa première démonstration.
Et même si Jeff se moque parfois de lui –comme ce soir–,
il est très fier de sa prestation !

Le savais-tu ?

Les chevaux entre eux

Dans la nature, les chevaux libres se groupent en **hardes** plus ou moins nombreuses où les étalons protègent juments et petits.
Le cheval est un animal qui aime vivre en groupe. Ce qui permet de nouer des amitiés, mais provoque aussi des affrontements. Chaque jument a une amie avec laquelle elle vivra toute sa vie. Elles s'entraident au moment de la naissance du poulain de l'une d'elles.
Quand les poulains ont un an, l'**étalon** les chasse du troupeau, ainsi que les femelles qui ont moins de 18 ou 20 mois. Les poulains et les pouliches se regroupent entre eux. Que ce soit dans les troupeaux sauvages ou dans les groupes composés par l'homme, l'organisation et les lois restent les mêmes.

Les poulains

Quelques instants après sa naissance, le poulain se dirige vers la mamelle de sa mère et boit le lait qu'on appelle « **colostrum** ».
Ce lait nettoie le tube digestif. Il est riche en vitamines indispensables aux premiers jours de la vie. Le poulain tète plusieurs fois par heure durant 4 à 5 minutes.
Le poulain et sa mère resteront ensemble pendant environ six mois, jusqu'au **sevrage.** Lorsque la jument a moins de lait, le poulain complète l'alimentation avec de l'herbe.
Il dort beaucoup, d'un sommeil profond. Il joue et développe ses muscles.
Vers 6 mois, le « **foal** » est séparé de sa mère. Il commence à être attaché et doit être habitué à se tenir tranquille.
Dès l'âge d'un an, les jeunes mâles peuvent se reproduire.

Les harnachements

Le harnachement comprend tout ce qui peut se placer sur le corps et la tête du cheval.
Il comprend le mors, le harnais, les rênes et la selle.
Après chaque exercice, le harnachement doit être nettoyé et examiné correctement, tout comme le cheval.

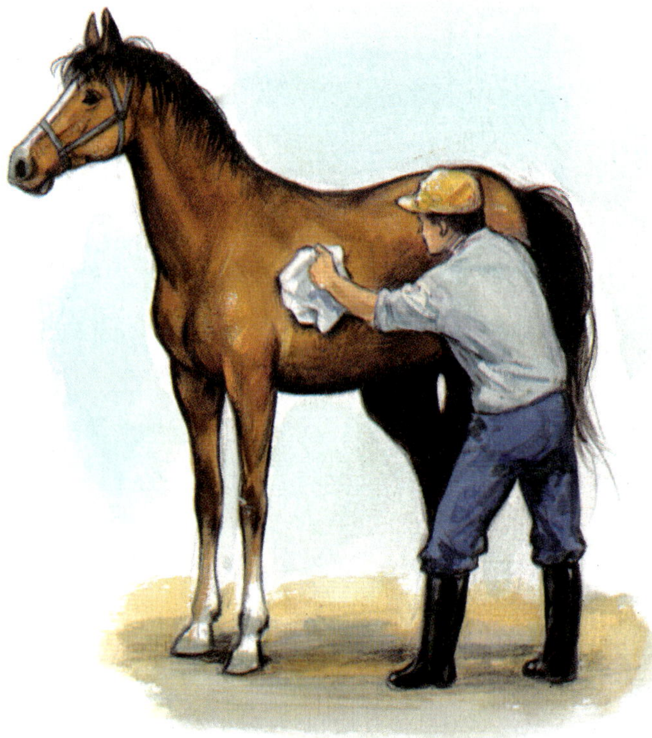

Le vocabulaire

– **Décrottage :** pansage grossier pour les chevaux qui vivent dehors.
– **Montoir :** c'est un tabouret, ou une caisse, où monte le cavalier pour se mettre en selle, lorsqu'il n'y arrive pas avec les étriers ou sans les étriers.
– **Monter à cru :** c'est monter à cheval sans mettre de selle.
– « **Foal** » : terme anglais qui désigne un poulain ou une pouliche qui a moins d'un an.
– **Sevrage :** c'est lorsqu'on arrête l'allaitement d'un petit animal.
– **Colostrum :** c'est le premier lait des mammifères. Il nettoie le tube digestif du petit et lui apporte toutes les vitamines.
– **Harde :** troupeau de bêtes sauvages.

Une amitié imprévue

Ce matin, dans le pré, les grands yeux noirs de Sultane sont tristes. On va lui enlever son poulain. Eh oui ! Farandole a grandi ! Il est temps pour lui de porter le licol et de marcher à la longe. Il doit apprendre à être un yearling* bien éduqué.

Farandole piétine d'impatience. Un dernier regard vers sa mère et il se laisse emmener par Bérengère. Il est en confiance avec elle, car il la connaît depuis sa naissance. Sur la butte, Sultane, l'air inquiet, voit son petit quitter le pré.

Farandole apprend vite, même si la corde le gêne un peu. Il se montre si obéissant que Claude permet de le sortir en promenade. Bien sûr, il ne portera pas de cavalier : il ne sait pas comment faire et il est bien trop petit.
– Bérengère, dit Claude, tu garderas Farandole à la longe. Il aura moins peur en marchant à côté de Sultane. Surveille-le bien, c'est sa première balade.
C'est l'occasion pour Sultane de trotter à côté du poulain.
Elle comprend alors qu'elle ne sera pas vraiment séparée de lui.
Dans le pré, on selle les chevaux.

Vidocq attend près de Léa en
léchant le bloc de sel gemme.
Jeff boit une dernière gorgée d'eau
pendant que Louis cherche
sa bombe. Déjà en selle,
Bérengère encourage Farandole.
Kévin demande aussitôt :
– Tout le monde est prêt ?
Bien, alors en route !
Dans un nuage de poussière,
le groupe quitte le chemin
pour disparaître dans le bois.
Farandole découvre
la fraîcheur des arbres,
le silence de la clairière
et traîne un peu.
– Allons, Farandole, avance
et regarde devant toi,
gronde Bérengère
en tirant doucement
sur la longe.

Les arbres se font moins nombreux et les buissons plus clairsemés. L'un derrière l'autre, les cavaliers sortent de la forêt. Dans le vallon verdoyant, les rayons de soleil caressent à nouveau épaules et croupes.

– Dis, Kévin, où on va, aujourd'hui ? demande Louis.

– Tu te souviens du monsieur qui a descendu Jeff avec son chariot élévateur ? Nous allons lui rendre visite dans sa ferme. Mais avant, faisons une pause au bord de ce ruisseau. Farandole doit être un peu fatigué.

Tête en bas, tout le monde se penche pour boire. Cavaliers et montures s'éclaboussent. Seul Farandole ne s'intéresse pas à l'eau claire. Le nez en l'air, il suit des yeux un vol d'oiseaux. Soudain, devant lui, un lapin détale. Farandole aimerait courir derrière lui. Le poulain tire sur sa longe, mais elle est attachée à la selle de Sultane. Kévin l'observe en riant :

– Eh bien, Farandole ! Tu as l'air en pleine forme ! Si tu apprécies les autres animaux, tu vas être très content. Nous t'emmenons dans un endroit où il y en a plein.

– Est-ce qu'on arrive bientôt ? demande Léa. Il est presque midi et j'ai faim.

– Regarde là-bas, droit devant toi, dit Kévin. Juste derrière le grand étang. Tu vois ces bâtiments ? Alors, le premier qui y arrive aura gagné le droit de choisir la prochaine promenade. Bérengère, donne-moi Farandole. Vous êtes prêts ? Un, deux, trois, partez !

Vidocq, Sultane, Jeff et leurs cavaliers s'élancent au galop. Farandole les regarde partir. Il voudrait bien les accompagner, mais Kévin le retient doucement :

– Pas maintenant, mon beau, tu n'as pas encore appris à galoper.

Lorsque Kévin arrive dans la cour de la ferme, Bérengère, Léa et Louis ont déjà mis pied à terre. Les chevaux sont à l'abreuvoir et les enfants ont suivi le fermier dans la porcherie. Germain veut leur montrer les cochons nouveau-nés. Il y fait frais après le soleil brûlant de la cour.
– Où sont-ils ? Je ne vois rien, dit Louis. Ah si ! Les voilà !
Au cri de Louis, les petits se sont précipités sous leur mère, une imposante truie aux lourdes mamelles qui ne daigne pas se retourner vers les enfants.
– Ouh là ! Elle n'a pas l'air d'aimer les visites, dit Léa.
Vous avez vu ? Elle nous ignore complètement.
– C'est normal, elle a tous ses porcelets à surveiller, explique Germain. Cette maman-là est très occupée.

– Dis, Germain, où est-ce que je pourrais installer Jeff ? demande Louis.
– Ah, j'oubliais ! Les enfants, emmenez vos chevaux à l'étable. À cette heure, il n'y a que Rosette. Les autres vaches sont dans la prairie.
– Et pourquoi Rosette est restée là ? insiste Louis.
– Mais parce qu'elle va vêler très bientôt.
– Oh, on connaît ça ! Bérengère, elle a même vu naître Farandole, explique Louis en entrant dans l'étable avec Jeff.
L'arrivée du poney dérange une poule qui y faisait la sieste avec ses poussins. Elle s'enfuit en caquetant de colère.

– Maintenant, à table, s'écrie Germain. Vous devez avoir un petit creux.
– Oh oui, répond Bérengère, en entrant dans la maison. Je crois que je vais manger le double de ce que j'avale d'habitude.
– Tant mieux ! Alors, asseyez-vous. Claudine, ma femme, va vous servir.

Les enfants dévorent ce copieux repas. C'est bizarre comme tout est meilleur lorsqu'on mange ailleurs que chez soi !
Pour digérer, Germain propose une petite visite au poulailler.
Ensuite, on va admirer de mignons lapins qui dorment dans les clapiers.
Bérengère ne peut résister à l'envie de les caresser : ils sont mignons et tout doux !

– Il est temps de rentrer au « Galop de Lune ». Merci, Germain, dit Kévin en remontant en selle. Alors, c'est d'accord : on t'attend ce soir.

– Promis, tu peux prévenir ton père. Au revoir, les enfants.

Dès qu'ils ont quitté la ferme, Louis demande à Kévin de quoi parlait Germain. Mais Kévin ne veut rien dire. Louis est fâché. Il boude et reste à traîner derrière le groupe.

– Tu sais, Jeff, Kévin n'est pas gentil. Il m'a dit qu'une surprise allait arriver. Mais il ne veut pas me dire quoi, lui confie le petit garçon à l'oreille. Et moi, j'aime bien le savoir avant les autres.

De retour au « Galop de Lune », les enfants dessellent et commencent le pansage. Fatigant, après une journée de promenade ! Mais il n'y a pas que le plaisir de monter, il faut aussi prendre soin des chevaux.
À ce moment, un camion klaxonne et s'arrête.
Claude vient accueillir Germain.
La remorque attelée au camion bouge.
On s'impatiente à l'intérieur et on le fait savoir en donnant des coups de sabots.
– C'est la surprise ! C'est un autre poney ! s'écrie Louis.
– Perdu, répond Kévin.
Approche !
Tu vas voir.

Tout à coup, la porte arrière du van s'ouvre.
– C'est un âne, ou plutôt une ânesse. Elle s'appelle Violette, annonce Kévin en présentant la visiteuse. De ses yeux très doux, elle observe ces étranges animaux à deux pattes qui la regardent d'un air si étonné. Surtout ce petit garçon à la casquette posée à l'envers. Bérengère, Léa et Louis suivent Kévin qui emmène Violette. Tous se demandent comment Farandole va accueillir la jeune ânesse.

Violette se laisse docilement guider jusqu'au pré. Elle regarde partout, sans oublier de déguster en chemin quelques herbes tendres et parfumées. Au loin, Farandole la voit. Un peu méfiant, il surveille ce curieux cheval, aux longues oreilles et à la robe grise, qui ne sait même pas hennir.

– Regardez ! Farandole est surpris, lui aussi. Il ne broute plus et bouge sans arrêt l'une de ses oreilles, dit Kévin. Allons-nous-en et laissons-les tous les deux. Ils ont besoin de faire connaissance.

Très vite, Farandole et Violette deviennent copains.
– Violette est adorable et si sage, dit Léa.
– C'est vrai, ajoute Claude. Cette nuit, pendant l'orage, je me suis levé. Je les ai vus tous les deux l'un contre l'autre sous l'abri du pré. Tiens, comme maintenant ! Je suis certain qu'ils se parlaient.
– Peut-être que Violette disait à Farandole qu'il ne faut pas avoir peur ? suppose Louis. Moi, ma sœur, elle me le dit souvent quand il y a du tonnerre.

Le savais-tu ?

Le dressage

À l'âge d'un an, le **yearling** doit obéir à la voix et savoir porter le **licol**. Il doit aussi marcher tranquillement sans tirer sur la corde.
À deux ans, on pratique le **débourrage.** Celui-ci commence par la longe.
Si l'animal apprend vite, on peut l'**emboucher** et le brider.
Cet apprentissage débute par le pas, puis le trot.
Après plusieurs mois de travail, l'apprentissage du galop peut débuter.
Le cheval peut être sellé quand les muscles de son dos sont assez forts.

Le pansage

Le pansage sert à nettoyer la robe du cheval, mais aussi à améliorer la circulation sanguine pour tonifier les muscles et la peau.
Le cheval qui est souvent dehors n'a besoin que d'un décrottage journalier. Sa robe doit rester grasse pour le protéger de l'humidité.
À l'écurie, le cheval est pansé chaque jour, en principe après l'exercice. Lors du pansage, le cheval doit être au collier et attaché.
Pour commencer le pansage, on nettoie chaque pied avec un cure-pied. En même temps, on examine la **fourchette** pour vérifier qu'elle n'est ni blessée ni infectée.
On vérifie également l'état des fers et des clous.
Tout le corps du cheval est passé à l'**étrille** pour enlever les saletés et la sueur, en évitant les parties sensibles.
Après, on passe la **brosse de pansage**. Elle doit être utilisée avec fermeté sur tout le corps de l'animal. Cette brosse tonifie les muscles, élimine les poils morts et embellit le cheval. On commence par rejeter la crinière de l'autre côté du cou pour bien brosser le haut de la nuque en allant du garrot à la tête. Il faut peigner la crinière en plusieurs fois, en prenant touffe par touffe pour bien démêler.
Pour panser le corps, il faut s'écarter légèrement du cheval, en tenant la brosse d'une main et le **peigne** de l'autre. Le peigne sert aussi à enlever la saleté qui se trouve sur la brosse.
On commence par la nuque, puis on descend le long des flancs, sous le ventre et le long des jambes. Quand un côté est terminé, on recommence de l'autre côté.
Ensuite, on écarte le collier et on brosse doucement la tête en prenant bien soin de ne pas heurter les arêtes osseuses.

Enfin, on brosse et on peigne la queue du cheval. Comme pour la crinière, on démêle touffe par touffe. Après cela, on peut utiliser un bouchon de paille humide pour frotter vigoureusement la robe en suivant le sens du poil et en évitant les zones osseuses et les reins.
Avec une **éponge**, plongée dans un seau d'eau chaude et bien essorée, on nettoie les yeux en faisant bien attention aux coins. Puis on éponge les lèvres et les narines. L'éponge rincée sert aussi à nettoyer le cheval sous la queue.
Finalement, une **brosse à eau**, un peu mouillée, servira à lisser la queue et la crinière. Si les pieds sont très sales on peut utiliser cette brosse pour les laver.
Pour terminer sa toilette, on graisse les sabots du cheval avec une **huile spéciale**.

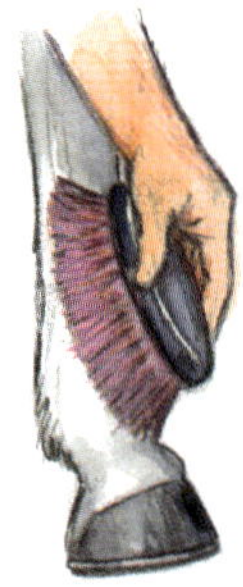
Une brosse à tout faire

Une étrille

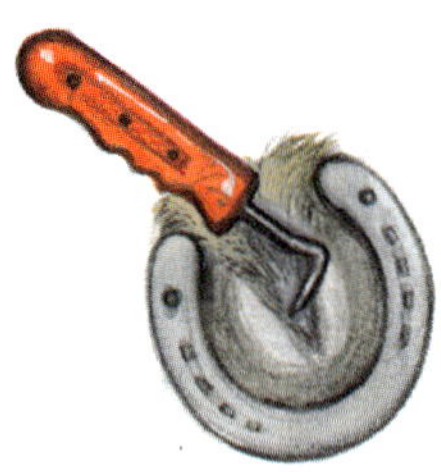
Un cure-pied

Un peigne

Une brosse de pansage dure

Une brosse souple

Un couteau à chaleur

Une éponge et un seau

Le vocabulaire

– **Yearling :** poulain et pouliche qui sont dans leur première année.
– **Débourrage :** premier dressage d'un jeune cheval.
– **Emboucher :** c'est mettre le mors à la bouche du cheval.
– **Fourchette :** dans le creux du sabot du cheval, il y a une espèce de fourche formée par de la corne.
– **Garrot :** partie du cheval située au-dessus de l'épaule. La distance du garrot au sol est souvent mesurée, et correspond à la taille du cheval.

ISBN : 2-8006-7640-x
Dépôt légal : 04 00/0058/048
N°d'impression : 43810004
Printed in EC

Table des matières